Ursel Scheffler

Karli
und die sieben Räuberväter

Mit Bildern von Maria Wissmann

Hase und Igel®

Für Lehrkräfte gibt es zu diesem Buch
ausführliches Begleitmaterial beim Hase und Igel Verlag.

© 2007 Hase und Igel Verlag GmbH, München
www.hase-und-igel.de
Druck: Grafisches Centrum Cuno GmbH & Co. KG

ISBN 978-3-86760-068-2
4. Auflage 2019

Inhalt

1. Findeltag 5
2. Ein Haufen Geschenke 10
3. Aufregung in Prixelstadt 15
4. Räubergeschichten 19
5. Balthasars Geschichte 23
6. Die Geschichte von Gibbs und Nimms 28
7. Die Geschichte von Klaus,
   genannt „das Fädchen" 31
8. Schwarzaugs Geschichte 36
9. Faulipaulis Geschichte 39
10. Die Geschichte von Hasenherz 41
11. Überraschungsbesuch aus Prixelstadt 45
12. Das Turmverlies 50
13. Karlottas Plan 53
14. Das Boot des Fischers 57
15. In der Fischerhütte 62
16. Bei der Mühle 66
17. Die nackten Tatsachen 69
18. Ein kleines Kind und ein großes Geheimnis 73
19. Die Flucht 77
20. Im *Wilden Truthahn* 82
21. In der Räuberhöhle 88
22. Wie es weitergegangen ist 94

1. Findeltag

Plop, plop, plop, platsch …

Karlotta wacht auf, weil Regenwasser auf ihre Nase tropft. Bäh! Die Schlafdecke ist klatschnass. Sie blickt nach oben. Der Sturm in der Nacht hat die Bretter am Dach ihres Baumhauses gelockert. Sie lehnt sich aus dem Fenster und ruft: „Balthasar – Gibbs – Nimms – Klaus!" Nichts rührt sich.

Nun, wenn ihre sieben Räuberväter schlafen, dann schlafen sie. Seltsam ist nur, dass man nichts hört. Sonst schnarchen sie doch, dass die Wände wackeln. Deshalb übernachtet sie auch lieber in ihrem Baumhaus in der Eiche.

Als Karlotta ins Räuberhaus kommt, sind die sieben Räuberbetten leer.

„Verflixte Väterbande!", ruft sie wütend und stampft mit dem Fuß. „Da haben sie sich wieder einmal davongeschlichen, ohne mich mitzunehmen. Und das noch vor dem Frühstück."

Sie sucht nach Hammer und Nägeln. Dann klettert sie wieder auf ihren Schlafbaum.

„Sieben Väter! Und keiner ist da, wenn man jemanden braucht!", schimpft sie, während sie die lockeren Dachlatten festklopft. Autsch! Das war der Daumen. Schluss! Aus! Ende mit der Nagelei. Jetzt braucht sie erst einmal ein ordentliches Frühstück.

Als sie im Räuberhaus den Wasserkessel für den Tee aufsetzt, fällt ihr Blick auf den Kalender. Eine Wäscheklammer zeigt an, welcher Tag gerade ist.

Balthasar klemmt sie höchstpersönlich jeden Morgen auf den neuen Tag. Der heutige Tag ist rot angestrichen. Es ist der 13. August. „Kind" steht da.

„Kind, immer nennen sie mich Kind", brummt Karlotta ärgerlich. Dabei ist sie schon älter als neun. Und außerdem hat sie heute Findeltag. Ja, Findeltag! Und keiner ist zum Frühstück zu Hause. Das ist doch allerhand.

„Nun ja, fast keiner", murmelt sie und krault den pechschwarzen Kater mit den weißen Tatzen, der um ihre Beine streicht.

Karlotta sieht noch einmal auf den Kalender. Nein, da steht auch kein großes P. Das hieße nämlich Postkutschentag. Da sind ihre Väter meist auf „Geschäftsreise" und lauern der Postkutsche auf.

„Komm, Graf von Ratzenstein", sagt Karlotta zu ihrem Kater. „Ich will mein Findeltagsfrühstück nicht allein essen."

Sie gießt Milch aus dem Tonkrug in ein Schüsselchen und stellt es dem Kater hin.

„Armer Kerl, du bist ein Findelkind, wie ich", seufzt Karlotta und streicht dem Kater zärtlich

übers Fell. „Bloß dass sich an den Tag, an dem du das erste Mal aufgetaucht bist, keiner mehr erinnern kann."

Karlotta ist froh, dass Balthasar damals den Tag auf dem Kalender rot angestrichen hat, an dem sie als Wickelkind im Rübenacker gefunden worden war. Laut schreiend und mit vollen Windeln.

Die beiden Windeln hat sie heute noch. Sie sind ganz dünn geworden vom vielen Waschen. Aber das kleine, feine K, das in der Ecke eingestickt ist, kann man noch deutlich erkennen. Ein K wie Karlotta.

Ihre Väter haben ihr oft davon erzählt, wie sie sich tüchtig in die Haare geraten waren, weil sie sich zuerst nicht auf einen Namen mit K einigen konnten. Und dass sie sie fast Klamotta genannt hätten, weil sie in eine alte Jacke eingewickelt war. Schließlich einigten sie sich auf Karlotta Karotta vom Rübenacker.

Karlotta hieß Balthasars Lieblingsschwester. Und Karotta deshalb, weil ihre Haare so orangefarben schillerten wie frisch gezogene Möhren in der Morgensonne.

Hoja! Ihre Väter haben verrückte Ideen! Wo um alles in der Welt treiben sie sich wieder herum? Ausgerechnet heute. Karlotta steht auf und geht hinaus. Die Sonne hat die ganze Umgebung in einen warmen Goldton getaucht. Karlotta sieht sich um: Die Burg Karottenfels macht ihrem Namen alle Ehre und ragt in der Ferne wie ein Bündel Möhren aus der Landschaft empor. Die Sandsteinfelsen wachsen senkrecht vom Flussufer der

Nitz herauf und werden vom Grün der Buchenwälder gekrönt, aus dem die Türme und der gezahnte Mauerring der Burg herauslugen.

Die staubige Landstraße liegt auf der anderen Seite der Nitz und führt in einem Bogen um den Burgfelsen herum. Wenn man zum Räuberhaus will, muss man auf halbem Weg zwischen der Burg

und dem Zapfenwald die Brücke überqueren, die bei der alten Sägemühle über den Fluss führt. Das Morgenlicht blendet. Karlotta legt die Hand über die Augen.

„He! Da kommen sie ja!", ruft sie überrascht. In der Ferne ist deutlich eine Gruppe von sieben Männern und einem Esel zu erkennen, die auf dem diesseitigen Ufer rasch näher kommt.

„Ein Esel? Wozu um Himmels willen haben sie denn einen Esel geklaut? Diese Esel! Der wird uns doch durch sein Geschrei höchstens verraten", murmelt Karlotta verärgert und läuft den Vätern so schnell wie möglich entgegen. Auf einer Waldlichtung in der Nähe des Räuberhauses treffen sie zusammen.

2. Ein Haufen Geschenke

„Hallo, Kind! Du bist ja schon wach. Alles Gute zum Findeltag!", ruft Balthasar mit seiner tiefen Stimme und schwenkt einen riesigen Blumenstrauß. Auch die anderen gratulieren.

Gibbs, Nimms und Klaus laden die Schnappsäcke von den Schultern. Hasenherz und Schwarzaug verbergen einen größeren Gegenstand unter einer Decke. Faulipauli sitzt auf dem Esel. Er hält

so etwas wie eine große Hutschachtel im Arm und lehnt bequem an einem halbleeren Mehlsack, der hinter ihm schlapp über dem Eselsrücken hängt.

„Seid ihr verrückt? Das ist doch der Esel des Müllers!", ruft Karlotta erschrocken. „Er wird ihn vermissen und überall suchen!"

„Ich hatte mir den Fuß verknackst und er lief mir geradewegs zwischen die Beine", behauptet Faulipauli etwas verlegen.

„Ehe der Müller Wendehals den Hals wenden konnte, waren wir verschwunden." Balthasar lacht dröhnend über seinen Witz.

„Jeder erkennt des Müllers Esel an dem weißen Fleck auf der Stirn. Das ist gefährlich", warnt Karlotta.

„Ein bisschen schwarze Schuhwichse und der Fleck ist weg", grinst Faulipauli verschmitzt. Und dann gratuliert auch er. Vorsichtig reicht er Karlotta die Hutschachtel und flüstert geheimnisvoll: „Mein Paket musst du als Erstes aufmachen. Du wirst staunen!"

„Und ich hab schon gedacht, ihr habt mich und meinen Findeltag vergessen", seufzt Karlotta, als sie den Deckel öffnet. Es ist eine Marzipantorte drin, mit neun Kerzen.

„Eine richtige Findeltagstorte!", ruft Karlotta begeistert. „Was für eine Überraschung."

„Nun, eigentlich wollte der Bäcker eine Hochzeitstorte für eine feine Gesellschaft daraus machen. Aber wir konnten ihn davon abhalten", behauptet Faulipauli stolz.

„Na, na. War doch klar", sagt Schwarzaug verlegen. Jetzt kommen die Räuber nach und nach mit ihren Geschenken angerückt. Eine Schaukel, ein Steckenpferd, eine Spieluhr, ein Schaukelpferd, eine kleine Trompete, sieben Paar wunderschöne rote Strümpfe, ein Stofflöwe, Kasperlepuppen, Honigkuchen und ein Springseil purzeln aus Taschen und Säcken.

Die sieben wilden Räuber werden vor Freude selbst wieder zu Kindern. Sie reißen sich darum, die Geschenke auszuprobieren, die sie als Kinder nie besessen haben.

Gibbs und Nimms streiten darum, wer auf der kleinen Trompete blasen darf. Hasenherz hat den Stofflöwen im Arm, als wäre er ein Stück zurückgestohlene Kindheit. Balthasar, Schwarzaug und Klaus spielen Kasperletheater hinter Karlottas nasser Schlafdecke auf der Wäscheleine. Zwei tapfere Räuber retten Kasperle vor Tod und Teufel und einem gefährlichen Krokodil.

„Das war wunderschön", sagt Karlotta.
Gibbs und Schwarzaug haben inzwischen das Seil für die Schaukel an einem Ast befestigt.

„Die Schaukel für ihre Findeltagshoheit Prinzessin Karlotta Karotta vom Rübenacker", sagt Gibbs mit einer Verbeugung und Schwarzaug hebt sie aufs Schaukelbrett hinauf. Karlotta stößt sich mit den Füßen ab. Sie schwingt vor und zurück, bis die Beine fast in den Himmel fliegen.

Karlotta hört erst auf zu schaukeln, als ihr fast schlecht ist. „Ich glaub, ich hab Hunger", murmelt sie und ruft: „Habt ihr auch was zum Mittagessen mitgebracht?"

„Oh, das hätten wir fast vergessen! Es gibt Wildschweinspießchen aus der gräflichen Vorratskammer", sagt Nimms. Und dann richtet er mit Gibbs das Holzkohlenfeuer her. Wenig später sitzen alle um das Lagerfeuer und schmausen.

Nachmittags gibt's die Findeltagstorte. Faulipauli zündet die neun Kerzen an. Karlotta pustet sie alle auf einmal aus.

„Das bringt Glück", behauptet Hasenherz.

Er ist ein wenig abergläubisch und glaubt an solche Sachen. Er kann ja nicht ahnen, dass er diesmal mit seiner Voraussage schiefliegt und dass sich im benachbarten Prixelstadt großes Unheil zusammenbraut …

3. Aufregung in Prixelstadt

Eine johlende Meute umgibt Wachtmeister Greif auf dem Marktplatz von Prixelstadt.

„Wir müssen sie fangen und in das Turmverlies stecken!", fordert Bäckermeister Brösel und schwingt seine Backschaufel. „Sie haben heute Nacht meine schönste Torte geklaut!"

„Sie haben meine ganze Bude geplündert!", klagt Spielwarenhändler Tandler aus Reibach.

„Sie haben meinen Esel geklaut und meine Säcke aufgeschlitzt! Wenn ich die erwische, werde ich sie tüchtig verdreschen!" Müller Wendehals droht empört mit einem Knüppel.

„Wir werden sie aus den Schlupfwinkeln holen und versohlen!", verspricht Schuhmacher Senkel seinem Enkel.

„Knüpft sie auf!", ruft Strumpfhändler Masche und packt ein Seil in die Tasche.

„Bürger, Freunde, Landsleute! Macht euch bereit zur Verfolgung!", befiehlt Wachtmeister Greif und knöpft die Uniformjacke zu. „Das ist kein Spiel! Was zu viel ist, ist zu viel!"

Kurz darauf macht sich eine Schar aufgebrachter Leute mit Spießen, Seilen und Stangen auf den Weg, um die frechen Räuber zu fangen.

„Seht, hier haben sie meinen Esel geklaut!", sagt Müller Wendehals, als sie an der Mühle vorbeikommen. „Da hängt noch das andere Ende vom Strick am Zaun."

„Was ist das?", fragt Wachtmeister Greif. Er deutet auf eine weiße Spur.

„Mehl! Mein gutes Mehl!", jammert der Müller.

„Und eine gute Spur", stellt Wachtmeister Greif zufrieden fest. „Sie wird uns geradewegs zu den Dieben führen. Mir nach!" Mit wichtiger Miene setzt er sich an die Spitze der Gruppe.

Die Spur führt nach Westen. Dort liegt die Burg Karottenfels. Als Wachtmeister Greif die Burgtürme schon zum Greifen nah vor sich sieht, ist die Spur plötzlich zu Ende.

„Die Spur hört am Ufer auf. Ich bin mir sicher, dass sie über den Fluss sind", grübelt Wachtmeister Greif. „Wie kommen wir bloß hinüber?"

„Wir müssen eben die Brücke beim alten Sägewerk benutzen", sagt Strumpfhändler Masche. „Dann gehen wir auf der anderen Seite bis hierher zurück und nehmen die Spur wieder auf."

Auf der Landstraße treffen die Prixelstädter eine Bauersfrau, die gerade mit einem Handkarren voller Möhren vom Acker kommt.

„Haben Sie Räuber gesehen?", erkundigt sich Wachtmeister Greif.

„Jeden Tag", sagt die Bäuerin bitter.

„Wo? Wie? Was? Wie meinen Sie das?", fragt Greif überrascht.

Sie zeigt auf die Burg. „Der größte aller Räuber sitzt da oben! Er raubt uns aus bis aufs Blut und das, ohne bestraft zu werden."

„Aber das dürfen Sie doch nicht einfach so behaupten", sagt Wachtmeister Greif. „Wenn das in die falschen Ohren kommt, dann …"

„Was hab ich noch zu verlieren?", seufzt die Bäuerin. „Gestern hat der Burgamtmann im Auftrag des Grafen meinen Mann geholt und in den Schuldturm auf der Burg gesperrt. Wie fast alle Bauern ringsum. Weil wir die geforderten Abgaben nicht zahlen können. Graf Ekelhaft, dieser Räuber, dieser Erpresser!", schimpft sie.

„Diese … äh, diese Art Räuber meine ich nicht", sagt Wachtmeister Greif etwas verlegen. „Ich meine richtige Räuber mit Räuberhüten und Räuberbärten, die nachts um die Häuser schleichen und Sachen stehlen."

„Solche Räuber habe ich nicht gesehen", sagt die Bäuerin. „Ich halte sie auch für die ungefährlichere Art."

4. Räubergeschichten

Während die aufgebrachten Prixelstädter durch den Wald irren, um auf der anderen Seite des Flusses nach den Räubern zu suchen, sitzen diese gemütlich am Lagerfeuer beim Findeltagsschmaus.

Als schließlich die Dämmerung hereinbricht, sind alle satt und müde. Das Feuer besteht nur noch aus ein paar glühenden Holzscheiten.

Plötzlich sagt Karlotta: „Sagt, ihr wolltet mir doch erzählen, wie es kam, dass ihr Räuber geworden seid."

„Später", brummt Hasenherz. „Wenn du alt genug dafür bist."

„Neun Jahre! Ist das nicht alt genug, um endlich die Wahrheit über seine Väter zu erfahren?", ruft Karlotta empört.

„Nun, ich weiß nicht", zögert Hasenherz.

„Über Väter wie uns – das ist schließlich etwas anderes. Etwas ganz Besonderes", kommt ihm Gibbs zu Hilfe. „Schließlich bist du noch ein Kind."

„Kind! Kind! Kind!", ruft Karlotta ärgerlich. „Ich bin neun Jahre alt. Alt genug, um bei stockdunkler Nacht allein im Baumhaus zu schlafen. Muss mein Dach selbst reparieren und kann besser Räubersuppe kochen und Ordnung halten als ihr alle zusammen! Ich kann besser lesen und schreiben als die meisten von euch und ich kann auf einen Sitz neun Kerzen ausblasen. Bin ich dann nicht alt genug für Räubergeschichten?"

„Irgendwo hat sie recht", räumt Nimms schließlich ein. „Warum sollen wir ihr nicht erzählen, wie alles gekommen ist?"

„Wer fängt an?", erkundigt sich der dürre Klaus, der auch „Fädchen" genannt wird. „Ich möchte der Letzte sein. Ihr kennt mich ja. Ich dränge mich nicht vor."

„Ich bin schon so müde, ich mach den Letzten", protestiert der kugelrunde Faulipauli und gähnt.

„Der Letzte möchte ich sein. Ihr wisst, dass ich der Letzte bin, der zu euch gestoßen ist!", ruft Hasenherz. „Das ist nur gerecht."

„Ich denke, ich werde meine Geschichte zum Schluss erzählen", sagt der hagere Schwarzaug. „Ich will das Kind, äh, Karlotta nicht erschrecken."

„Ich muss neues Feuerholz holen", sagt der listige Gibbs. Er steht auf und will sich entfernen.

„Halt! He! Hiergeblieben!", ruft Balthasar energisch. „Keiner drückt sich. Ihr kennt unseren

Wahlspruch: Alle für einen. Einer für alle. Wenn es schon unbedingt sein muss, dann wird jeder von uns seine Geschichte erzählen. Und wir losen, wer anfängt!"

Er kramt einen schmuddeligen Zettel aus seiner Tasche und reißt ihn in sieben Fetzen. Dann nimmt er ein Stück verkohltes Feuerholz und malt Zahlen darauf.

„Wer die Eins zieht, ist der Erste. Wer die Sieben zieht, der ist der Letzte. Abgemacht?"

„Abgemacht", murmeln die anderen. Alle greifen in den Topf und ziehen die Zettel mit einem so finsteren Gesicht, als würde das Los darüber geworfen, wer als Erster gehängt werden soll. Balthasar grapscht mit seiner großen Pranke nach dem letzten Los im Räuberhut. Es ist die Eins.

„Zu dumm. Dann werde ich wohl anfangen müssen", brummt er und blickt in die Runde. Alle sind zufrieden, dass sie nicht der Erste sein müssen. „Na, dann leg schon los, Balthasar", ermuntert Faulipauli den Räuberhauptmann.

5. Balthasars Geschichte

Eine Weile sitzt Balthasar schweigend da und überlegt. Er knurrt wie ein schlecht gelaunter Bär. Dann runzelt er die Stirn und starrt ins Feuer. Seine dunkelbraunen Augen sind unter den buschigen Augenbrauen kaum mehr zu erkennen. Jetzt setzt er seinen Räuberhut auf und zieht den Rand tief ins Gesicht. So, als wolle er mit seinen Erinnerungen unter dem Hut allein sein.

Endlich beginnt er mit polternder Stimme: „Setzt euch und haltet die Klappe! Wehe, es quasselt einer dazwischen! Und haltet euch vor allem die Ohren zu, wenn es zu schlimm wird! Dies ist keine Kindergeschichte." Er wendet sich Karlotta zu, die ihn gespannt und unerschrocken ansieht.

„Ich war so alt wie du – oder ein bisschen jünger, da verlor ich meine Eltern. Es war Kriegszeit. Eine schreckliche Zeit. Soldaten hatten unser Dorf überfallen, ausgeplündert und niedergebrannt. Da war keiner mehr außer mir. Ich hatte mich unter den Trümmern versteckt.

Nachts schlich ich in das Lager der Soldaten, um Proviant zu stehlen. Es war eigentlich mehr ein Zurückstehlen. Denn schließlich hatten sie uns zuvor alles weggenommen. Manchmal versteckte ich mich auch auf einem Bauernhof, bis alle im Bett waren. Dann ging ich in den Hühnerstall und stahl mir Eier oder ab und zu ein Huhn. Das rupfte ich und briet es dann irgendwo, wo ich mich sicher fühlte, über einem Feuer. Manchmal aß ich es halb roh, weil ich es nicht erwarten konnte, bis es fertig gebraten war. Und weil ich Angst hatte, ein anderer Räuber könnte mir zuvorkommen und es stehlen, ehe ich es im Wanst hatte.

Und dann hatte ich Glück. Eines Tages, als ich mich auf dem Viehmarkt in Wenzelsberg herumtrieb, beobachtete mich der Hufschmied. Er hatte gesehen, dass ich versuchte, mich hier und da nützlich zu machen, um ein paar Taler zu verdienen. Ich schleppte Kisten und Säcke. Er winkte mich heran und fragte, ob ich nicht bei ihm arbeiten wolle, er könne einen kräftigen Kerl wie mich wohl gebrauchen. Das war mir recht.

Jetzt schlief ich das erste Mal in einem Bett. Und ich bekam regelmäßig etwas zu essen. Da wurde ein richtig ansehnlicher Kerl aus mir. Ja, das könnt ihr mir glauben!

Und dann kam der Kirchweihtag. Alle gingen zum Tanzen. Und die Schmiedegesellen lachten und sagten, ich solle auch mitkommen und mir ein hübsches Mädchen suchen. Ich hab mich sogar gewaschen und gekämmt. Und dann hab ich tatsächlich ein Mädchen getroffen. Ich habe mit ihr getanzt und gelacht."

„Sag – warst du verliebt?", erkundigt sich Karlotta neugierig.

„Ich glaube schon", sagt Balthasar verlegen. „Aber dann hab ich alles vermasselt. Das heißt, er hat alles vermasselt. Ein Kerl von der Burg Karottenfels. Er kam und beschimpfte mich. Was

ich mir einbilde! Des Bürgermeisters Tochter! Ich, ein hergelaufener Lump. Einer, von dem man nicht wisse, woher er komme. Da habe er wohl mehr Chancen. Er, der Sohn des Burgamtmanns.

Da hat mich die Wut gepackt. Ich hab ihm einen Kinnhaken versetzt. Er trat mich mit dem Fuß in den Bauch. Da hab ich ihn gepackt und in der Luft zerrissen, glaub ich …"

„Das hast du doch nicht wirklich getan?", unterbricht ihn Karlotta erschrocken.

„Aber fast. Am liebsten hätte ich ihn in tausend Stücke zerfetzt oder am Spieß über dem Feuer gebraten wie Wildschweinbraten. Jedenfalls lag er nachher bewusstlos auf dem Boden."

„Und in tausend Stücken?", fragt Karlotta mit weit aufgerissenen Augen.

„Nein, vielleicht bloß in hundert oder vielleicht auch nur zehn oder einem, ach, zum Teufel! Es ist

egal! Jedenfalls fielen alle über mich her. Einer stach mich mit dem Messer ins Bein. Hier." Balthasar krempelt umständlich sein Hosenbein hoch und zeigt auf die Narbe.

„Sieht ja schlimm aus", sagt Karlotta und befühlt das vernarbte Bein.

„Ich musste davonlaufen und mich in den Wäldern verstecken. Denn die Soldaten des Burgamtmanns suchten mich nun überall. Meine Wunde entzündete sich. Wenn mir nicht eine mitleidige Fischersfrau Umschläge mit Heilkräutern gemacht hätte, dann wäre ich bestimmt am Wundfieber gestorben.

Da beschloss ich, niemals in die Stadt zurückzugehen, sondern in den Wäldern zu bleiben. Aber auch da war es nicht ungefährlich, wenn man allein war. Deshalb beschloss ich, mir Gefährten zu suchen. Das ging schneller, als ich dachte. Eines Tages standen plötzlich zwei Kerle mit einer Flinte vor mir und sagten: ‚Her mit dem Geld oder es knallt!'

Ich hab laut gelacht. Da sind sie erschrocken und haben dumm dreingeschaut. Dann hab ich meine Hosentaschen umgedreht. Da haben sie gesehen, dass ich weniger hatte als sie. Sie hatten nämlich wenigstens einen Hasen geschossen. Den Hasen haben wir dann ..."

„Halt! Halt! Das ist unsere Geschichte. Und überhaupt sind wir sowieso als Nächste dran!", protestiert Gibbs.

„Wir haben die Zwei und die Drei gezogen", bestätigt Nimms und zeigt auf die Zettel.

„Dann wart also ihr beide die Räuber mit der Flinte?", folgert Karlotta.

„Erraten! Das waren wir", bestätigen Gibbs und Nimms. Und dann erzählen sie ihre Geschichte.

6. Die Geschichte von Gibbs und Nimms

Gibbs fängt an: „Wir waren damals noch gar keine richtigen Räuber. Wir waren Wildschützen. Eigentlich wollten wir Wildhüter werden. Wie unser Vater. Der hatte beim alten Grafen Wenzel von Karottenfels gedient. Aber der Graf war in den Krieg gezogen. Der Burgamtmann hat während der Abwesenheit des Grafen keine Wildhüter mehr eingestellt. Er war leidenschaftlicher Jäger und wollte sein Wild selbst schießen. Dann musste auch er in den Krieg. Die Wildschweine und Hasen vermehrten sich rasch und fraßen den Bauern die Äcker kahl. Da haben Nimms und ich gejagt."

„Eigentlich haben wir den Bauern geholfen, die Ernte zu retten", erklärt Nimms.

„Ja, sie waren froh darüber. Und wir haben oft bei ihnen Wildbraten gegen Obst und Gemüse eingetauscht", sagt Gibbs.

„Aber dann starb Graf Wenzel im Krieg und dieser Graf Ekelhaft übernahm die Herrschaft auf der Burg ..."

„Heißt er wirklich Ekelhaft?", erkundigt sich Karlotta.

„Nein, eigentlich Eckehart von Gurkenstein. Aber wir nannten ihn Ekelhaft von Schurkenstein, weil es besser passt", entgegnet Gibbs finster. „Du wirst gleich verstehen, warum. Er behandelt seine Leute wie Sklaven. Er beutet die Bauern aus, bis sie selbst nichts mehr zu essen haben. Wer ihm nicht gehorcht, hat nichts zu lachen."

„Dieser Gurkenstein ...", fällt Nimms ihm ins Wort.

„Sag ruhig Schurkenstein, das passt wirklich besser", brummt Karlotta.

„Ja, der hat also von unserer Jägerei erfahren und einen Steckbrief an Bäumen und Häusern aufhängen lassen. Auf dem stand, dass man uns fassen und an den nächsten Baum knüpfen sollte. Da haben wir uns schnell aus dem Staub gemacht", knurrt Nimms.

„Wir haben uns im Hotzenwald versteckt", ergänzt Gibbs. „Dort haben wir auch Balthasar getroffen."

„Getroffen ist gut!", kichert Balthasar. „Angefallen und fast umgebracht trifft es eher."

„Von da an waren wir jedenfalls zu dritt", beendet Gibbs den Bericht seines Bruders Nimms.

„Und wer war der Nächste?", fragt Karlotta neugierig.

„Das war Faulipauli, zusammen mit Schwarzaug. Das war die komischste Geschichte."

„Halt! Halt! Ich hab die Sechs gezogen. Meine Geschichte kommt später", protestiert Faulipauli, der sich satt und behaglich neben dem Kater auf einer Decke zusammengerollt hat.

7. Die Geschichte von Klaus, genannt „das Fädchen"

„Na gut, dann bin ich wohl dran", seufzt Klaus. Er ist der schmächtigste der Räuber. Eine halbe Portion, wie Faulipauli immer sagt. „Ich hab die Vier gezogen, obwohl ich der Sechste war, der zu der Bande stieß. Es war eigentlich ein großer Zufall."

Klaus wendet sich an Karlotta und sagt: „Ich hab dir das Lesen und Schreiben beigebracht, das Räubersuppekochen, Singen und Knöpfeannähen. Na, und auch sonst noch allerlei, was ein Räuberkind von der Welt wissen muss."

„Stimmt. Und es hat Spaß gemacht, Schule zu spielen", bestätigt Karlotta. „Wenn ich auch viel lieber mit anderen Kindern zusammen in eine richtige Schule gegangen wäre, wie die droben auf der Burg."

„Früher hab ich an einer Dorfschule unterrichtet. Das heißt, eigentlich war ich Schneider. Vom Lehrberuf allein kann man schließlich nicht leben. Aber dann gab es keine Stoffe mehr, um Kleider zu machen. Und die Bauern hatten kein Geld mehr, um mich zu bezahlen. Ab und zu bekam ich noch ein Huhn oder ein paar Eier dafür, dass ich einen alten Anzug flickte oder mich mit den Kindern herumärgerte. Die kamen sowieso meist nicht zur Schule, weil sie zu Hause bei der Arbeit helfen mussten. Da hab ich mich eines Tages auf den Weg gemacht, um in der Stadt eine

Anstellung zu suchen. Ich landete als Lehrer bei der Familie eines reichen Tuchhändlers in Wenzelsberg. Dort bekam ich zu essen und verdiente so viel, dass ich mir ab und zu ein neues Wams oder eine Hose nähen konnte. Dort bekam ich auch meinen Spitznamen Fädchen."

„Weil du so gut mit Nadel und Faden umgehen konntest oder weil du so dünn warst?", will Karlotta wissen.

„Keine Ahnung", sagt Fädchen nachdenklich. „Die Kinder nannten mich so. Ich glaube, sie mochten mich. Deshalb mochte ich auch meinen

Spitznamen. Eigentlich war ich ganz zufrieden. Aber dann ..." Fädchen sieht finster vor sich hin und verstummt.

„Und dann? Was war dann?", drängt Karlotta.
„Dann hielten sie mich für einen Dieb!"
„Wie konnte das geschehen?"

„Graf Wenzel hatte sich am Dreikönigstag nach der Messe angesagt. Er wollte beim Tuchhändler allerhand Stoffe bestellen und für sich ein neues, warmes Wams für den Krieg. Die Frau des Tuchhändlers zog dem Besuch zu Ehren ihr bestes Kleid an und holte ihre Schmuckschatulle aus dem Versteck. Mittags, als sie ihre Halskette anlegen wollte, war der kostbare Schmuck verschwunden.

Ich wurde verdächtigt, weil ich angeblich als Letzter in dem Zimmer gewesen war. Und der Burgamtmann, der den Grafen begleitete, schwor, er habe mich mit einem Kasten aus dem Haus schleichen sehen. Das stimmte: Es war aber nur mein Geigenkasten.

Keiner glaubte mir. So landete ich im Gefängnis. Als ich wieder freikam, kehrte ich der Stadt den Rücken, so schnell ich konnte. Ich hatte im Gefängnis ein paar Kartentricks gelernt. Außerdem konnte ich Geige spielen. So verdiente ich mir mein Essen als Spielmann bei Hochzeiten und anderen Festen. Meist zog ich von Jahrmarkt zu Jahrmarkt. Einmal traf ich auf fünf Männer, die ich beim Hütchenspiel um ihr Geld brachte. Sie lauerten mir auf und verprügelten mich."

„Das waren Balthasar, Gibbs, Nimms, Faulipauli und Schwarzaug, stimmt's?", ruft Karlotta dazwischen.

„Genau. Und als ich wieder zur Besinnung kam, sagten sie mit finsteren Gesichtern, sie würden mir den Hals umdrehen, weil ich sie so hereingelegt hatte."

„Das war doch nur leeres Gerede", versichert Balthasar mit einer abwehrenden Handbewegung.

„Ich glaube, damals war uns das schon ein bisschen ernst", gesteht Gibbs. „Wütend waren wir auf den Kerl!"

„Und dann haben wir gesagt, dass es eine Möglichkeit gebe, sein Leben zu retten …", sagt Nimms.

„Halt! Das erzähle ich. Schließlich ist es meine Geschichte", ruft Klaus rasch. „Dann haben sie gesagt: ‚Bleib bei uns und zeig uns deine Tricks! Dann tun wir dir nix.'"

„Ja, so oder so ähnlich war es", bestätigt Balthasar grummelnd. „Und später, nachdem wir dann das Kind gefunden hatten …"

„Das Kind, das Kind! Könnt ihr nicht einfach Karlotta sagen?", fragt Karlotta spitz.

„Na gut. Später, als wir dich dann fanden, waren wir froh, dass wir einen bei uns hatten, der sich mit Kindern ein wenig auskennt."

„Und mit seinen Tricks haben wir manchen reichen Pfeffersack in Wirtshäusern und auf Märkten hereingelegt." Nimms reibt sich schadenfroh die Hände.

„Ja, Köpfchen muss man eben haben", nickt Gibbs zustimmend. „Die Fäuste allein reichen nicht immer zum Überleben."

Während des Erzählens ist es stockfinster geworden. „Ich glaube, es ist Zeit, ins Bett zu gehen", sagt Faulipauli und gähnt.

„Erst möchte ich noch die nächste Geschichte hören. Ich bin überhaupt nicht müde!", widerspricht Karlotta, die die Berichte ihrer Väter unheimlich spannend findet. „Wer ist als Nächster dran?"

„Ich glaube, das bin ich", brummt Schwarzaug. „Ich hab die Nummer fünf gezogen."

„Na, dann erzähl schon. Aber erzähl nicht alles!", mahnt Hasenherz und wirft einen vielsagenden Blick auf Karlotta. „Du weißt schon. Nimm Rücksicht auf das Kind!"

„Das Kind will aber alles wissen!", protestiert Karlotta.

8. Schwarzaugs Geschichte

Schwarzaug rückt seine dunkle Augenklappe zurecht. Er starrt mit dem gesunden linken Auge nachdenklich ins Feuer. Dann beginnt er mit seiner Geschichte.

„Mein Vater war Stadtmusikant in Bremen. Aber er war leider flöten gegangen und verschwunden, ehe mich meine Mutter auf die Welt brachte. Als sie starb, war ich 14 Jahre alt. Ich tat, was viele Jungen in der Stadt damals machten: Ich ging zum Hafen und suchte nach Arbeit. Ich hatte Glück. Da lag gerade ein großes spanisches Handelsschiff vor Anker, das noch tüchtige Leute suchte. Ich heuerte an. Nach einer stürmischen Reise durch die Biskaya wurde unser Schiff vor der portugiesischen Küste von Piraten überfallen. Der Kapitän und der Erste Steuermann wurden geköpft. Die Mannschaft wurde vor die Wahl gestellt, ebenfalls über die Klinge zu springen oder Seeräuber zu werden. Ich war noch so jung. Und ich wollte weiterleben. Also wurde ich Seeräuber. Ich hab teuer dafür bezahlt." Er schweigt einen Augenblick.

„Hast du damals dein Auge verloren?", fragt Karlotta voller Mitleid.

„So ist es", bestätigt Schwarzaug finster. „Und selbst wenn ich der reichste Mann der Welt wäre, könnte ich es nicht wieder zurückkaufen."

„Dafür siehst du mit dem linken Auge besser als manche mit beiden Augen zusammen", sagt Balthasar.

„Das stimmt allerdings", räumt Schwarzaug ein.

„Und wie bist du zu Balthasars Bande gekommen?", will Karlotta wissen.

„Nun, das Piratenschiff sank vor der portugiesischen Küste. Ich wurde als Schiffbrüchiger von einem Fischerboot gerettet. Ich lebte eine Weile in Sesimbra, einem Fischernest in Portugal. Bis ich so stark Heimweh bekam, dass ich auf dem nächsten Schiff, das nach Bremen auslief, als Schiffsjunge anheuerte. Ich hatte zwar nur ein Auge, konnte aber damit besonders gut sehen, wie Balthasar schon sagte. Deshalb haben sie mich immer mit dem Fernglas in den Mastkorb geschickt. Mir war jedes Mal speiübel. Ich wurde so seekrank, dass ich dachte, ich müsse sterben. Als wir in Bremen ankamen, lief ich auf und davon. In einer Hafenkneipe traf ich Faulipauli. Er war ziemlich betrunken, hatte zwei Mädchen im Arm und gab mir eins davon ab."

„Das hättest du nicht erzählen sollen", mault Faulipauli gekränkt. „Nehmt doch Rücksicht auf das Kind!"

Die anderen wiehern vor Vergnügen.

„Jetzt soll Faulipauli erzählen!", ruft Gibbs.

„Ja, ja, der Faulpelz ist dran!", stichelt Nimms.

„Erzähl, wie du in das *Blinde Krokodil* gekommen bist", brummt Balthasar.

9. Faulipaulis Geschichte

Faulipauli ziert sich noch ein bisschen. Er redet nicht gern. Schon gar nicht über sich. Aber als die anderen ein bisschen nachhelfen, berichtet er von seiner Zeit als Küchenjunge in einer Herberge im Spessart. Irgendwo zwischen Frankfurt und Nürnberg. Er war aber so faul, dass der Wirt ihn hinauswarf, ehe er sein erstes Lehrjahr beendet hatte. Er wanderte mit einer Gruppe Zigeuner nach Norden und landete nach einem Jahr in Bremen.

„Dort arbeitete ich in der Hafenkneipe *Zum blinden Krokodil* als Rausschmeißer."

„Was ist das?", erkundigt sich Karlotta.

„Er musste die betrunkenen Seeleute aus der Kneipe tragen und die, die nicht bezahlen konnten, vor die Tür setzen", erklärt Fädchen.

„Das war keine angenehme Arbeit", brummt Faulipauli. „Ich war richtig froh, als ich die Bekanntschaft von Schwarzaug machte. Gemeinsam haben wir dann manches Ding gedreht. Bis wir uns mit einem Soldaten der Bürgerwache anlegten. Da war es besser, Bremen zu verlassen. Wir besorgten uns Uniformen und boten Reisenden unsere Dienste als Wächter an. Ein paar Jahre zogen wir quer durchs Land. So kamen wir nach Frankfurt. Bei einem Ausflug nach Wenzelsberg trafen wir Balthasar, Gibbs und Nimms. Hasenherz, jetzt bist du dran!"

„Das ist wieder typisch Faulipauli. Seine Geschichte ist die kürzeste. Er ist nicht nur zu faul zum Arbeiten, sondern sogar zu faul zum Erzählen!", beklagt sich Karlotta.

„Es ist spät genug und Hasenherz soll nicht zu kurz kommen, nur weil ich zu lang rede", rechtfertigt sich Faulipauli. Dann verschränkt er die Arme hinter dem Kopf und legt sich wieder bequem ins Moos zurück.

10. Die Geschichte von Hasenherz

„Ich war einer der vielen Soldaten, die nach Kriegsende arbeitslos herumirrten", beginnt Hasenherz. „Wir hatten unseren Herren, den Grafen, Rittern oder Fürsten, meist treu gedient. Aber wenn sie im Krieg gestorben waren und uns keiner mehr Sold zahlte, stand es schlecht um uns."

„Stimmt", bestätigt Fädchen. „Die meisten kamen in die Stadt und stahlen oder bettelten in ihren abgerissenen Uniformen vor den Kirchen, wenn Markttag war."

„Ich war mit dem Grafen Wenzel von Karottenfels in den Krieg gezogen", berichtet Hasenherz weiter. „Er wurde leider sehr schwer verwundet. Er beauftragte mich auf dem Totenlager, seiner Frau, der Gräfin Karola, seinen Ring zu überbringen und einen Brief. Dann würde sie für meinen Unterhalt sorgen. Ich blieb bei ihm, bis er starb. Es war Winter. Fünf Wochen dauerte es, bis ich die Burg Karottenfels erreichte. Doch dort ließ man mich zunächst nicht einmal durchs Tor. Gräfin Karola, erzählte man mir, sei nach der Geburt ihrer Tochter schwer krank geworden. Jetzt bestimmte Graf Eckehart, ein entfernter Vetter von

Graf Wenzel, was auf der Burg geschah. Zur Gräfin ließ er mich gar nicht erst vor. Die sei zu krank.

Eckehart lachte nur höhnisch, als er den Brief seines Verwandten las: ‚Sold will er haben? Da kann ja jeder kommen!', rief er. ‚Woher weiß ich, dass der Brief nicht gefälscht und der Ring nicht gestohlen ist?' Mit einem Fußtritt setzte er mich vor das Tor und jagte seine Hunde hinter mir her.

Durchfroren und ohne Geld in der Tasche landete ich schließlich in der Burgschänke. Dort traf ich einen Haufen wilder Gestalten, die sich gerade am Ofen aufwärmten: Balthasar, Gibbs, Nimms, Faulipauli, Schwarzaug und Fädchen. Ich beschloss, mich ihnen anzuschließen."

„So war es also", murmelt Karlotta. „Das sind ja vielleicht Geschichten."

„Ja, ja", sagt Balthasar nachdenklich. „Richtige Räubergeschichten. Und das alles geschah noch vor dem Findeltag."

Als das Lagerfeuer verglüht ist und der Mond über dem Wald aufgeht, gähnt Balthasar und meint: „Ich denke, das Kind sollte ins Bett."

„Warum muss ich ins Bett, wenn ihr müde seid?", protestiert Karlotta.

„Weil Räuberkinder ins Bett gehören, wenn es dunkel wird", brummt Balthasar. „Das ist schon immer so gewesen."

„Ich werde nie verstehen, warum immer alles so sein soll, wie es immer schon gewesen ist", beklagt sich Karlotta. Aber Balthasar lässt nicht mit sich handeln.

Als Karlotta in ihrem weichen, duftenden Heubett im Baumhaus liegt, hört sie ihre Räuberväter noch eine ganze Weile erzählen. Schwarzaug berichtet von seinen Seeabenteuern. Hasenherz prahlt mit seinen Heldentaten als Beschützer des Grafen. Klaus schildert kichernd, wie sie den Mönchen vom Kloster Moorbrunn die Kutten geklaut haben, als die im See badeten. Und Gibbs gesteht schließlich, dass er am Morgen Löcher in die Mehlsäcke von Müller Wendehals geschlitzt hat: „Der wird sich wundern, dass seine Säcke immer leichter werden, wenn er sie in die Stadt zum Bäcker bringt, hihihi!"

„Ich kann den Kerl nicht leiden", sagt Hasenherz. „Er redet den Bauern nach dem Maul, wenn sie ihm das Korn zum Mahlen bringen. Natürlich behält er immer einen Sack als Mahllohn für sich. Und wenn der Burggraf kommt, dann tut er ihm schön und behauptet, dass die Ernte besser war, als die Bauern sagen. Der Bäcker Brösel ist auch nicht besser. Kommt er in die Stadt, schimpft er auf die Bauern, denen er so viel Geld für das Mehl bezahlen muss. Und bei den Bauern schimpft er auf den Grafen wegen des Mühlenzolls ..."

„Na, diesmal werden sich beide ärgern. Der Müller über die aufgeschlitzten Säcke und der Bäcker über die verschwundene Marzipantorte." Faulipauli schiebt kichernd das letzte Stück Findeltagstorte in seinen immer hungrigen Schlund. Mit dem ruhigsten Gewissen der Welt wickeln sich schließlich auch die sieben Räuberväter in ihre Decken und schlafen einer nach dem anderen ein.

11. Überraschungsbesuch aus Prixelstadt

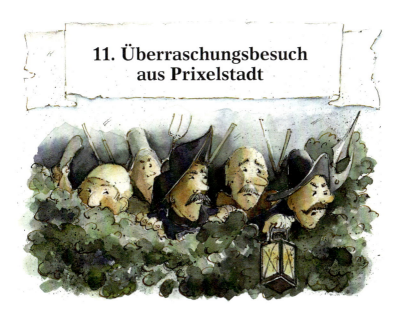

„Hierher! Alles hört auf mein Kommando!", ruft Wachtmeister Greif halblaut. Er winkt das kleine Häufchen Freiwilliger herbei, das mit ihm ausgezogen ist, um die Räuber zu fangen.

„Die Spur führt dort durchs Gebüsch", flüstert Greif. „Seht ihr die abgebrochenen Zweige? Dort zwischen den Felsen?"

Feuerwehrmann Klingel schnuppert: „Ich rieche Lagerfeuer und Bratenduft."

„Wir nähern uns vermutlich ihrem Versteck", sagt Greif zufrieden.

„Denen zeigen wir's", flüstert der Müller und schwingt den Knüppel.

„Die klopfen wir aus den Socken!", versprechen die Strumpfhändlersöhne.

„Jetzt machen wir Nägel mit Köpfen", brummt der Hufschmied.

„Und dann ab ins Turmverlies!", knurrt Nachtwächter Mütze. „Dort haben wir noch mehr von der Sorte."

„Und dabei hatten wir schon ihre Spur verloren", seufzt Krämer Seele. „Sie haben uns einen ganzen Tag lang an der Nase herumgeführt."

„Schlau. Aber nicht schlau genug", brummt Greif zufrieden.

„Schlau? Nun ja. So ein Feuer zu machen ist dumm. Das riecht der Fachmann zehn Meilen gegen den Wind", bemerkt Feuerwehrmann Klingel abfällig.

Als sie sich der Waldlichtung nähern, hört man lautes Schnarchen.

„Und jetzt schnarchen sie, dass man meint, sie wollten den Wald zersägen", kichert Bäcker Brösel. „Die ahnen nichts. Wollen wir wetten?"

„Ja, die schlafen bombenfest. Wir wagen den Angriff. Fünf von rechts, fünf von links und ich in der Mitte!", befiehlt Wachtmeister Greif. „Wenn ich pfeife, geht's los!"

Auf leisen Sohlen schleichen sich die Bürger von Prixelstadt an das Räuberlager heran. Als Wachtmeister Greifs Dienstpfeife trillert, stürzen sie aus dem Gebüsch.

„Ergebt euch! Ihr seid umstellt! Widerstand ist zwecklos!", brüllt der Wachtmeister. Seine Stimme schnappt fast über vor Aufregung.

Die Räuber haben gar keine Zeit, sich zu ergeben oder die Hände hochzunehmen. Sie können

sich nicht einmal den Schlaf aus den Augen reiben, so schnell fallen die Prixelstädter über sie her und fesseln sie an Händen und Füßen.

Von dem Lärm und Geschrei wird Karlotta in ihrem Baumhaus wach. Die kluge Räubertochter begreift rasch, was da auf der Waldlichtung passiert. Erst will sie hinunterklettern und ihren Vätern zu Hilfe eilen. Aber dann denkt sie nach. Sie kann es nie mit so vielen aufnehmen. Was tun? Erst mal abwarten.

Wachtmeister Greif zerplatzt fast vor Stolz, als er die Gefangenen am Strick des Strumpfhändlers im Gänsemarsch durch den Wald bis zur Landstraße führt.

Krämer Seele hat das Schaukelpferd unterm Arm. Bäcker Brösel die leere Tortenschachtel. Der Müller sitzt auf seinem Esel.

Feuerwehrmann Klingel mit seiner Sturmlaterne führt den Zug an, Nachtwächter Mütze bildet mit seiner Laterne das Schlusslicht.

In hilfloser Wut beobachtet Karlotta von ihrem Baumhaus aus, wie ihre sieben Väter auf einen Polizeiwagen geladen werden, der mit zwei Stadtwächtern beim alten Sägewerk an der Brücke wartet. Der Wagen ist ein grün gestrichener Holzverschlag auf Rädern, der sonst immer zum Schweinetransport verwendet wird. Karlotta kann von Weitem nur noch Balthasars bärtiges Gesicht hinter dem vergitterten Fenster an der Rückseite erkennen.

„Ich werde ihnen unauffällig folgen", überlegt Karlotta. „Wenn ich erst weiß, wo sie eingesperrt sind, kann ich sie vielleicht befreien. Ich bin zwar

nicht besonders groß und stark, aber ich hab Mut und Verstand. Mir fällt immer etwas ein. Das sagt sogar Balthasar."

In sicherem Abstand folgt sie dem Gefangenentransport.

12. Das Turmverlies

Der grüne Wagen holpert über die Landstraße, die parallel zum Fluss verläuft. Bäume und Büsche auf der linken Straßenseite geben Karlotta ausreichend Deckung.

Beim Fischerhaus führt die Straße näher am Fluss entlang. Sie kommen an der Mühle vorbei und an den ärmlichen Bauernhäusern vor der Stadt.

Als sie Prixelstadt erreichen, ist es vier Uhr morgens. Das Stadttor ist geschlossen.

Nachtwächter Mütze bläst lautstark in sein Horn. Die Schildwache am Stadttor fällt fast aus dem Häuschen. Der Torwächter reibt sich die Augen, als er durch sein kleines vergittertes Fensterchen sieht, wer da Einlass begehrt. Dann schiebt er schnell den Sperrbalken zur Seite, reißt das mächtige Holztor auf und lässt die tapferen Männer mit ihren Gefangenen ein.

Das kleine Mädchen, das hinter ihnen in die Stadt schlüpft, bemerkt keiner. Alle haben nur Augen für den Gefangenenwagen mit den schrecklichen Räubergesichtern hinter dem vergitterten Fenster. Diebe und Schurken! Raubgesindel, zum Greifen nah! Ist das zu fassen? Und das noch vor dem Frühstück!

Im Triumphzug führen Wachtmeister Greif und sein Gefolge die gefangenen Räuber durch die Straßen.

Die Sonne schickt die ersten Strahlen über die Dächer der Stadt und rückt alles ins rechte Licht. Bürger mit Zipfelmützen und Frauen mit Schlafhauben spähen neugierig aus den Fenstern.

„Wir haben sie! Wir haben die schrecklichen Räuber gefangen!", verkündet Wachtmeister Greif immer wieder stolz.

Nachtwächter Mütze stößt ins Horn und singt dann:

„Hört, ihr Leut, und lasst euch sagen,
unsre Uhr hat vier geschlagen.
Die wilden Räuber sind gefangen.
Bald werden sie am Galgen hangen."

Diese grob geschmiedeten Verse sorgen überall für Bewunderung. Und als es über der Stadtmauer dämmert, fällt die schwere Eichentür des Turmverlieses hinter den sieben Räubern zu.

„Jetzt sind sie sicher verwahrt. Aus diesem Turm ist noch keiner entwischt", sagt Wachtmeister Greif zufrieden. Er zupft an seinem Uniformrock und schreitet würdevoll an den Bürgern in Nachtjacken und Morgenmänteln vorbei, die Spalier stehen und ihm gratulieren. Dann geht er nach Hause. Leicht und beschwingt. Er freut sich auf sein Federbett. Sicherlich wäre er nicht so unbeschwert in die Kissen gesunken, wenn er gewusst hätte, dass ein kleines Mädchen wild entschlossen ist, die Gefangenen wieder zu befreien ...

13. Karlottas Plan

Karlotta hat sich hinter dem Brunnen mit dem Standbild des heiligen Florian versteckt. Er steht am Wenzelsplatz. Genau zwischen Kirche und Gefängnis. Empört sieht sie zu, wie ihre Väter einer nach dem anderen hinter den finsteren Mauern verschwinden. Nach einer kurzen Weile wird es in einer der kleinen Fensterhöhlen des Kerkerturms hell. Dieses Licht lässt vermuten, dass dort wohl das karge Nachtquartier ihrer sieben Väter ist.

„Was kann ich bloß tun? Wie krieg ich sie da wieder raus?", überlegt Karlotta. Die Fensterlöcher sind mit dicken Gittern versehen. Vor dem Eingang stehen zwei bewaffnete Stadtwächter. Irgendwie muss sie sich bei ihren Vätern bemerkbar machen. Aber wie? Die Wächter dürfen sie ja dabei nicht erwischen.

Karlotta wartet ab, bis das Licht im Turm erloschen ist. Dann hebt sie einen Kieselstein auf und wirft ihn ins Fensterloch. Nichts rührt sich. Sie wirft noch einen Kieselstein und noch einen. Endlich taucht ein struppiger Kopf hinter dem Fenstergitter auf. Es ist Schwarzaug. Er ist der Längste.

„Herrje, das Kind!", flüstert er erschrocken.

„Psst! Ich will euch befreien", wispert Karlotta.

„Verschwinde, ehe sie dich entdecken!", fleht Schwarzaug.

„Horch! Ich habe Stimmen gehört", sagt einer der Wächter. Er legt die Hand ans Ohr und geht um den Turm herum. Gerade noch rechtzeitig verschwindet Karlotta hinter dem Brunnen.

„He, du! Wir haben Hunger!", ruft Schwarzaug aus dem Fenster, um den Wächter abzulenken. „Wann gibt's hier Frühstück?"

„Halt die Schnauze!", brummt der Wächter verärgert und geht wieder zu seinem Kollegen an der Tür. „Es waren bloß die Gefangenen", knurrt er. „Wollen Frühstück. Diese Witzbolde!"

Karlotta kauert hinter dem Brunnen und grübelt. Eine Feile! Man braucht eine Feile, um ein Eisengitter durchzusägen. Aber wo bekommt sie die so schnell her? Vom Hufschmied vielleicht?

Er hat seine Werkstatt gleich neben dem Stadttor. Sie klettert über eine Mauer in den Hinterhof der Schmiede. Das Tor zur Werkstatt ist mit einem Riegel verschlossen. Vorsichtig schiebt Karlotta ihn zurück. Im Haus brennt schon Licht. Hoffentlich wird sie nicht entdeckt.

Als sie nach der Feile sucht, zittern ihre Finger. Sie hat noch nie richtig geraubt. Na ja, mal Äpfel, Kirschen oder Rüben geklaut. Aber sie ist noch nie in ein fremdes Haus eingedrungen. Ihr Herz klopft wie ein Schmiedehammer.

„Nein, Räuber, das ist kein Beruf für mich", denkt sie, als sie aus einer Kiste mit Eisenfeilen eine herausnimmt.

Dann läuft sie zum Turmverlies zurück. Die Wächter sind in ein Gespräch vertieft. So kann Karlotta unbemerkt auf den Brunnen klettern. Von dort aus ist das Fenster besser zu treffen. Sie zieht einen ihrer zerlöcherten Strümpfe aus und wickelt die Feile hinein. Dann wirft sie als „Vorschuss" einen Kieselstein ins Fenster. Schwarzaug taucht auf.

„Vorsicht", flüstert Karlotta. „Die Hauptsache kommt noch." Zielsicher wirft sie die Feile zwischen den Gitterstäben durch.

„Danke! Bist ein Pfundskind!", wispert Schwarzaug, nachdem er den Inhalt der Wurfpost entdeckt hat und wieder am Fensterloch erscheint. „Wird allerdings eine Weile dauern, bis wir die dicken Stäbe durchbekommen. Wir können nur sägen, wenn Krach draußen ist. Geh nach Hause! Rasch! Sonst wird man dich noch entdecken."

„Er hat recht", denkt Karlotta. „Ich sollte vorsichtig sein!" Sie gähnt. Müdigkeit sinkt in ihre Beine wie Blei. Schließlich hat sie eine aufregende Nacht hinter sich, in der sie kaum geschlafen und viel erlebt hat.

Das Stadttor ist jetzt weit offen. Es ist Markttag. Die ersten Leute kommen schon früh mit ihren Waren. Karlotta beschließt, ein Stück am Fluss entlangzugehen und nachzudenken. Eben geht die Sonne auf.

14. Das Boot des Fischers

Bis nach Hause ist es viel zu weit. „Ich werde mich unter der alten Weide hinter dem Fischerhaus hinlegen und ein wenig schlafen", überlegt Karlotta. Das Wasser plätschert sanft. Irgendwo in der Ferne kräht ein Hahn.

Das hört Karlotta schon nicht mehr. Sie schläft tief und fest im weichen Ufergras. Sie wacht erst auf, als sie vom nahen Haus Stimmen hört. Kurz darauf beginnt der Fischer, hinter dem Haus Holz zu hacken. Ein Junge sitzt auf dem Bootssteg und angelt.

„Fritz, kannst du mir Wasser bringen?", ruft jemand aus dem Fenster.

„Gleich! Ich will nur noch einmal die Angel auswerfen", antwortet der Junge.

Karlotta hat irgendwie das Bedürfnis, mit jemandem zu reden. So geht sie geräuschlos auf den Bootssteg zu und beobachtet den Jungen eine Weile. „Er ist etwa so alt wie ich", denkt sie.

Fritz konzentriert sich auf den Schwimmer, der auf der Wasseroberfläche tanzt. Er steht im Sommer meistens bei Sonnenaufgang auf. Da beißen

die Fische am besten an. Mit seinem heutigen Fang ist er recht zufrieden. Jetzt zuckt die Angel. Ein großer Fisch hat angebissen. Mit einem kräftigen Ruck zieht er seinen Fang aus dem Wasser. Da sagt eine Stimme hinter ihm: „Fischers Fritz fischt frische Fische."

Fritz dreht sich erschrocken um und mustert Karlotta, während er den Fisch von der Angel nimmt. „Woher weißt du, dass ich Fritz heiße?"

„Ich kann hellsehen", behauptet Karlotta.

„Aber ich nicht. Deshalb musst du mir deinen Namen schon sagen."

„Ich? Oh, äh, ich heiße Karlotta", antwortet Karlotta, die einen Augenblick lang überlegt, ob sie dem Jungen vertrauen kann.

„Und woher kommst du so plötzlich?"

„Von Prixelstadt."

„Und was hast du da gemacht?"

„Verwandte besucht", antwortet Karlotta wahrheitsgemäß.

Jetzt kommt der Fischer hinter dem Haus hervor. Er heißt Findus und ist ein dunkelhaariger, finster dreinblickender Mann. Einer, der aussieht, als ob ihn etwas bedrückt. Er trägt das Beil ins Haus, um es zu schleifen.

„Das ist mein Vater", sagt Fritz. „Sonst ist er um diese Zeit beim Fischen auf dem Fluss. Aber man hat ihm sein Boot gestohlen. Jetzt kann er weder fischen noch Leute über den Fluss fahren."

„Bist du sicher, dass das Boot gestohlen worden ist?", überlegt Karlotta, der plötzlich einfällt, dass ihre Räuberväter gerade vor ein paar Tagen einen Kahn mit nach Hause gebracht haben. „Vielleicht hat es der Wind losgerissen. Oder vielleicht war jemand in Not und hat es sich ausgeliehen."

„Meinst du?", fragt Fritz zweifelnd.

„Ja, wenn ich mir's recht überlege, dann habe ich irgendwo unterwegs im Schilf ein Boot gesehen. Welche Farbe hat euer Boot?"

„Grün", antwortet Fritz.

„Grün? Ja, ein grünes Boot! Grün könnte es gewesen sein. Komm mit, wir wollen danach suchen!"

Rasch trägt Fritz den Eimer mit den Fischen ins Haus. Dann läuft er hinter Karlotta her. Sie führt ihn ein ganzes Stück am Fluss entlang.

„Dort war es!", ruft sie und deutet auf die andere Flussseite.

Tatsächlich kann man dort zwischen den Schilfhalmen die Bugspitze eines grünen Bootes erkennen.

„Das muss es sein!", jubelt Fritz. „Wir müssen es holen. Aber wie kommen wir über den Fluss?"

„Bei der Brücke. Aber das ist viel zu weit. Kannst du nicht schwimmen?"

Fritz schüttelt den Kopf.

„Ich werd es versuchen", sagt Karlotta. „Ich werde erst die kleine Insel ansteuern und dann dort bei den Trauerweiden ans Ufer schwimmen, wo kein Schilf ist."

Sie zieht Rock und Schuhe aus und geht ins Wasser. Die kleine Insel erreicht sie schnell. Aber dahinter, wo sich der Fluss verengt, ist die Strömung stärker, als sie gedacht hat. Fast hat sie das andere Ufer erreicht, da ergreift sie ein Strudel und reißt sie mit sich fort. Karlotta strampelt und kämpft. „Hilfe! Hilfe!", schreit sie.

Zum Glück gelingt es ihr, eine Baumwurzel zu packen, die vom Ufer ins Wasser ragt. Sie hält sich daran fest, prustet, schnauft und zieht sich an Land. Sie besteigt den schaukelnden Kahn, hängt die Ruder ein und legt ab. Flussabwärts wartet Fritz mit ihren Sachen. Er sieht ziemlich erschrocken aus.

„Ich hatte richtig Angst um dich", sagt er. „Aber jetzt ist alles gut. Meine Eltern werden staunen, wenn wir das Boot zurückbringen."

15. In der Fischerhütte

Die Freude der Fischersleute ist riesengroß: Der Kahn ist wieder da! Sie bedanken sich bei Karlotta. Vater Findus macht gleich die Netze für den nächsten Tag klar. Mutter Grete kocht warme Milchsuppe und wickelt Karlotta in eine Decke, während ihre nassen Sachen an der Ofenstange trocknen.

„Ich glaub, ich hab mir den Arm verletzt, als ich die Wurzel gepackt hab", sagt Karlotta und versucht das linke Handgelenk zu bewegen.

„Hoffentlich ist nichts gebrochen!", ruft Grete erschrocken. Sie nimmt Karlottas Arm und bewegt ihn vorsichtig hin und her.

„Ich glaub nicht, dass er gebrochen ist", sagt sie schließlich erleichtert. „Aber ich werde dir einen Umschlag mit Heilkräutern machen und den Arm in eine Schlinge legen."

„Meine Mutter versteht etwas davon", wirft Fritz ein. „Sie hat schon ganz andere Leute gepflegt. Einmal sogar die Tochter des Grafen."

„Ach, das ist doch schon lange her", sagt Grete. „Und es war leider nur für kurze Zeit."

Bald zieht der Duft von aufgebrühten Kräutern durch das Fischerhaus. Grete geht an den grob gezimmerten Eichenschrank und sucht nach einem Tuch. Endlich hat sie das passende gefunden. Auf dem blank gescheuerten Küchentisch legt sie das quadratische Stoffstück zu einem Dreieck zusammen und faltet es dann zu einer Bandage.

„Halt!", ruft Karlotta plötzlich. „Ist das nicht eine Windel?"

„Ja", antwortet Grete überrascht. „Das macht doch nichts. Sie ist sauber. Schließlich ist sie hundertmal gewaschen."

„Genau wie meine Windel", sagt Karlotta versonnen. „Und genau wie auf meiner Windel ist da ein K in die Ecke gestickt. Ein K wie Karlotta."

„Ein K wie Karottenfels", sagt die Fischersfrau, als sie die beiden Enden verknotet.

„Das kann nicht sein", grübelt Karlotta und starrt auf den vertrauten Buchstaben. „Woher habt ihr die Windel?"

„Das ist eine lange und traurige Geschichte", entgegnet Grete.

„Erzähl's doch", drängt Fritz.

Seine Mutter lässt sich nicht lange bitten. Sie legt noch Holz im Ofen nach und beginnt: „Als Fritz ein Baby war, wurde ich auf Schloss Karottenfels gerufen. Die Gräfin hatte ein Kind bekommen und konnte es nicht ernähren. Da habe ich beide Kinder gestillt. Das gräfliche Kind …"

„… und mich!", ruft Fritz.

„Das Mädchen gedieh. Es war schon fast vier Wochen alt, nahm zu und bekam rosige Backen, genau wie Fritz. Da kam eines Abends ein Bote. Der berichtete, dass der Graf im Krieg gestorben sei. Die arme Gräfin hat die nächste Nacht nicht überlebt …"

„Und das Kind?", erkundigt sich Karlotta aufgeregt.

„Dem Kind ging es gut. Bis es eine rätselhafte Krankheit bekam. Ich durfte nicht mehr zu ihm. ‚Damit dein Kind nicht auch krank wird', sagte Graf Eckehart. Eine Woche später war das Mädchen tot."

„Richtig tot? Und man hat es begraben?"

„Der Abt von Moorbrunn hat den Sarg neben dem der Gräfin Karola in der Klosterkirche beigesetzt."

Die Fischersfrau sieht Karlotta nachdenklich an. „Aber – warum fragst du das?"

„Ach, nur so", antwortet Karlotta zögernd. „Ich dachte schon …, aber wenn das Kind auch gestorben ist …"

„Ja, leider", seufzt Grete. „Ich hab noch am gleichen Tag die gräflichen Windeln für mein

Kind bekommen. Die brauchten sie ja im Schloss nicht mehr."

„Der neue Graf hat ja ein anderes Monogramm. Nicht K wie Karottenfels, sondern G wie Gurkenstein", bemerkt Fritz.

„Ekelhaft von Schurkenstein", murmelt Karlotta. „Ich weiß."

„Ja, so nennen ihn viele. Das passt viel besser zu dem bösen Kerl!", sagt der Fischer. „Gestern hat er meinen Bruder in den Kerker geworfen."

„Und weshalb?", erkundigt sich Karlotta.

„Er konnte die hohen Abgaben nicht bezahlen, die der Graf für das Ackerland verlangt. Wie die meisten Bauern hier."

„Es muss schrecklich sein, im Gefängnis zu sitzen", sagt Karlotta. Und sie denkt an ihre Räuberväter.

16. Bei der Mühle

„Kommst du mit zum Markt?", fragt Fritz nach dem Essen. „Ich will sehen, ob ich meine Fische noch loswerde."

„Gern. Ich muss in der Stadt mit meinen Verwandten sowieso noch etwas Wichtiges besprechen", antwortet Karlotta.

Bei der Mühle begegnet ihnen Jakob, der Vetter von Fritz. Er ist elf.

„Habt ihr schon was von deinem Vater gehört? Wie geht's ihm?", möchte Fritz wissen.

„Schlecht. Mutter war heute Morgen dort und hat ihm Brot und frische Wäsche gebracht. Er ist ganz verzweifelt."

Bevor Fritz seinen Vetter trösten kann, hören die Kinder ein lautes Schluchzen, das von der Mühle herüberweht.

An der Tränke steht die 16-jährige Müllerstochter. Sie spült Wäsche aus. Und sie weint dabei so sehr, dass sie die drei zunächst gar nicht bemerkt.

„Was ist los mit dir, Else?", erkundigt sich Fritz mitfühlend.

„Es ist wegen meiner Hochzeit mit dem Grafen", schluchzt das Mädchen. „Ich hasse ihn. Dieser Eckehart ist ein Ekel, ein Scheusal."

„Dann sag doch einfach Nein", schlägt Jakob vor.

„Wenn das so einfach wäre. Dann prügelt mich mein Vater zu Tode", klagt Else und fängt wieder an zu weinen.

„Vielleicht können wir dir ja irgendwie helfen", überlegt Karlotta.

„Mir ist nicht mehr zu helfen."

„Vielleicht doch", sagt Karlotta. „Ich glaub, ich hab eine Idee."

„Da nützen auch Ideen nichts", schnieft Else und wischt sich die Nase mit dem Rockzipfel ab.

„Hör's dir doch an. Dieses Mädchen hat außergewöhnlich gute Ideen", versichert Fritz.

„Du kannst den Grafen nur heiraten, wenn er da ist", überlegt Karlotta.

„Er wird da sein", klagt Else.

„Und was wäre, wenn ihn jemand klaut?"

„Wer wird ihn klauen? Keiner mag ihn."
„Ich kenne Leute, die so etwas gelernt haben", sagt Karlotta. „Die können alles klauen. Auch Grafen. Wir werden es jedenfalls versuchen."

17. Die nackten Tatsachen

Nachdem Fritz seine Fische auf dem Markt verkauft hat, läuft er allein nach Hause. Karlotta bleibt in Prixelstadt. Sie versteckt sich hinter der Kirche, bis es stockdunkel ist. Als die Wachen mit Kartenspielen beschäftigt sind, wirft sie einen Kieselstein ins Fenster des Turmverlieses.

Ein fremder Kopf erscheint – glatt und nackt wie der Mond, der ihn bescheint. Ein Gesicht ohne Bart und Haare. Karlotta erschrickt fast zu Tode. Wo sind ihre Väter? Hat man sie schon aufgehängt?

„Ich bin's, Balthasar. Erkennst du mich nicht?", flüstert eine vertraute Stimme.

„Herrje! Wie siehst du denn aus?", ruft Karlotta entsetzt.

„Wir sind auch nicht schöner", ertönt es aus dem Fensterloch. Die Räuberväter erscheinen am Fenster. Einer nach dem anderen. Alle haben spiegelblanke Glatzen.

„Ach, du dickes Ei! Wie ist denn das passiert?", flüstert Karlotta entsetzt.

„Die Frau des Gefängniswärters ist schuld! Sie hat behauptet, wir hätten Läuse", sagt Gibbs.

„Hatten wir auch. Aber höchstens drei", klagt Nimms.

„Deswegen muss man einem ja nicht gleich sämtliche Haare absäbeln", beschwert sich Schwarzaug.

„Danach hat man uns in Bottiche gesetzt, gebadet und mit harten Bürsten geschrubbt. Es war die Hölle", stöhnt Faulipauli.

„Habt ihr das Gitter durchgesägt?"

„Schon", sagt Nimms und schiebt das große Gitter ein Stückchen nach vorn. „Es ist bloß – wir passen nicht durch das Fensterloch!"

„Heißt das, ihr seid zu dick?", fragt Karlotta.

„Genau", sagt Gibbs. „Ein bisschen."

„So ist es", bestätigt auch Nimms. Gibbs setzt das Gitter wieder sorgfältig fest, damit der Wächter keinen Verdacht schöpft.

„Nur Fädchen passt durch. Aber wenn er allein flieht, dann sind wir verloren."

„Alle oder keiner", brummt Balthasar.

„Zu dick seid ihr? Dagegen kann man doch was machen. Wie wär's mit Fasten und Sport? Strengt euch an!", sagt Karlotta verärgert. „Bis zum nächsten Freitag müsst ihr es unbedingt schaffen. Freitag ist der Befreitag. Merkt euch das! Dann dürft ihr auch zur Belohnung etwas ganz Besonderes klauen. Und noch etwas: Ihr werdet am hellen Tag fliehen, wenn die Straßen voller Menschen sind. Dann fällt es am wenigsten auf."

„Sie werden uns ganz sicher erkennen", befürchtet Balthasar und streicht über seine Glatze. „Jetzt erst recht!"

„Ihr werdet euch eben verkleiden. Moment mal. Ich hab eine Idee: Wo habt ihr damals die Kutten versteckt, die ihr den badenden Mönchen weggenommen habt?"

„Woher weißt du das?", entfährt es dem verblüfften Balthasar.

„Ich weiß mehr, als ihr denkt", sagt Karlotta und lacht.

„Die sind in unserer Räuberhöhle am Rabenstein."

„Sind es sieben?", fragt Karlotta gespannt.

„Mindestens", versichert Balthasar.

„Gibt es eine bessere Verkleidung? Ich werde mich darum kümmern. Aber jetzt muss ich fort. Die Wächter machen ihren Rundgang."

18. Ein kleines Kind und ein großes Geheimnis

Karlotta schläft in dieser Nacht in einer ausrangierten Postkutsche hinter der Schmiede. Am nächsten Morgen, sobald das Stadttor geöffnet ist, verlässt sie die Stadt und läuft geradewegs zum Fischerhaus. Sie hat in der Nacht lange genug Zeit gehabt, über alles nachzudenken.

Sie weiß, dass sie die Hilfe der Fischersleute braucht, wenn sie ihre Räuberväter befreien will. Und sie spürt, dass sie vielleicht durch Fritz und seine Familie dem Geheimnis ihrer Herkunft auf die Spur kommen kann …

„Hast du alles erledigt?", erkundigt sich Fritz.

„Um ein Haar! Es gibt noch einige kleine Hindernisse. Aber bis zum nächsten Freitag müsste es zu schaffen sein. Jetzt muss ich deine Mutter noch etwas ganz Wichtiges fragen."

„Sie ist in der Küche", sagt Fritz.

Grete steht am Herd und kocht Hafergrütze.

„Wann genau ist das gräfliche Kind gestorben?", fragt Karlotta gespannt nach. Grete staunt nicht schlecht über Karlottas Frage.

„Die kleine Karoline starb am 13. August vor neun Jahren. Ich werde es nie vergessen! Aber warum interessiert dich das so?"

„Genau an meinem Findeltag", murmelt Karlotta. „Ich wollte es nur noch mal hören."

„Findeltag? Was soll das heißen?", will Fritz wissen.

„Das heißt, dass ich gar keinen Geburtstag habe, weil keiner weiß, wann ich geboren bin. Aber meine sieben Väter wissen, wann sie mich gefunden haben. Am 13. August vor neun Jahren auf einem Rübenacker. Das ist mein Findeltag."

Findus, der unbemerkt zur Tür hereingekommen ist, plumpst blass vor Schreck auf die Küchenbank. Blitzartig wird ihm klar, was Karlotta damit sagen will. „Du meinst, dass die Tochter Graf Wenzels damals gar nicht gestorben ist. Und dass du …", sagt er, deutet mit dem Finger auf sie, reißt den Mund auf und weiß nicht mehr, was er sagen soll.

„Herrje, warum fällt mir das erst jetzt auf: diese Haare und die unglaubliche Ähnlichkeit mit der Gräfin Karola", ruft Grete und wird blass vor Aufregung. „Wenn das so ist, bist du mein Ziehkind!" Sie läuft auf Karlotta zu und nimmt sie in die Arme.

Als sich die erste Freude gelegt hat, sagt Grete: „Für das alles gibt es nur eine Erklärung: Der böse Eckehart wollte das Kind aus dem Weg schaffen lassen. Wahrscheinlich hat er jemanden damit beauftragt, der es nicht übers Herz brachte. Der hat das Kind in den Rübenacker gelegt, statt es umzubringen."

„Die Sache hat einen Haken", überlegt Fritz. „Wir können es nicht beweisen."

„Und wir dürfen vorerst niemandem von dieser Entdeckung erzählen. Sonst ist Karlotta in Gefahr", warnt Findus.

„Aber wir werden uns den Grafen vorknöpfen. Und ich hab mir schon genau überlegt, wann und wie", sagt Karlotta. „Doch dazu brauche ich eure Hilfe."

„Jede Hilfe, die wir dir geben können", verspricht Findus.

Jetzt erzählt Karlotta von ihren Räubervätern, dem Turmverlies und schließlich von ihrem Plan, die Väter zu befreien.

„In Mönchskutten?", vergewissert sich Grete. „Na, wenn das der Abt von Moorbrunn erfährt."

„Er soll es erfahren. Und er soll nach der Flucht die gestohlenen Mönchskutten wieder zurückbekommen", sagt Karlotta. „Außerdem soll der Abt als Zeuge dabei sein, wenn der Graf seine Schandtaten gesteht."

Karlotta erklärt, wie sie sich den „Raub des Grafen" vorstellt und wie sie das Geständnis aus ihm herauslocken möchte.

„Ich bringe heute noch Fische zum Kloster. Da kann ich mit dem Abt reden", überlegt Grete. „Ich wollte ihn sowieso über Einzelheiten bei einer gewissen Beerdigung vor neun Jahren ausfragen." Sie steht auf und legt ihr Tuch um. „Ich gehe sofort los."

„Noch etwas: Wir brauchen einen kräftigen Schlaftrunk, damit der Graf nicht zu munter ist, wenn er geklaut wird", fügt Karlotta nachdenklich hinzu.

„Donnerwetter! Du hast Ideen", sagt Findus. „Und wo willst du den Grafen klauen lassen?"

„Dort, wo er jeden Samstag nach der Jagd sitzt: im *Wilden Truthahn*. Aber vorher muss ich noch meine sieben Räuberväter befreien."

19. Die Flucht

Die Wärter des Prixelstädter Turmverlieses staunen sehr, als die sieben bislang mürrischen und faulen Gefangenen auf einmal Holz hacken und Wasser schleppen wollen. Sie schlagen sich fast darum. Sie rennen im Dauerlauf über den Burghof, machen Liegestütze und Kniebeugen. Sie üben Klimmzüge an der Wäschestange. Und sie essen kaum etwas.

„Schmeckt euch mein Essen nicht, verwöhntes Pack?", schimpft die Frau des Wärters gekränkt. „Na, wartet! Wenn ihr nicht esst, dann werden eure Knochen eben am Galgen klappern, wenn es so weit ist!" Mit dieser düsteren Drohung schlurft sie davon.

Jeden Abend probiert Balthasar, ob er durchs Fenster passt. Er ist der Kräftigste. Sein Bauch und sein Po sind schon ganz wund gescheuert. Am Donnerstagabend ist es fast so weit.

„Ich glaube, bis Freitag schaff ich es", schnauft Balthasar. „Freitag ist Befreitag. Es fehlt nur noch ein winziges Fitzelchen."

Am Freitag, pünktlich zur Mittagszeit, taucht Karlotta auf. Sie versteckt sich hinter dem Florians-Brunnen. Aber sie ist nicht allein. Sie hat ihre Freunde mitgebracht. Die müssen die Wächter ablenken. Jakob, Fritz und die Müllerstochter zetteln vor den Augen der Wachen einen Streit an. Erst leise und dann immer lauter.

So bemerkt keiner der beiden Wächter, wie auf der Rückseite des Turms sieben Glatzköpfe aus dem Turmfenster klettern. Einen Schrecken er-

leben sie noch, als Faulipauli stecken bleibt. Da hilft kein Schieben und Ziehen.

„Du musst alle Luft aus dir rauspressen!", ruft Karlotta.

Faulipauli zischt wie ein Walfisch aus Mund und Nase. Dann noch ein kräftiger Furz. Wumms! Es ist geschafft!

Erleichtert atmet Karlotta auf und muss sich das Lachen verkneifen. „Hierher!", flüstert sie aufgeregt. „Dort durch die kleine Tür in die Kirche!" In einem dunklen Winkel hinter der Orgel hat sie die Kutten aus der Höhle versteckt.

Kein Mensch schöpft Verdacht, als zehn Minuten später sieben Mönche aus der Kirche kommen. Der Wächter am Stadttor grüßt die frommen Männer respektvoll, als sie mit demütig gesenkten

Häuptern aus der Stadt gehen. Sie pilgern hinunter zum Fluss, wo Findus mit dem Boot wartet. Er bringt die sieben Mönche zu seinem Haus.

„Donnerwetter! Das war ein Teufelsstreich!", schnauft Balthasar, als er sich die Kutte vom Leib reißt.

„Das ist ein Teufelskind!", ruft Schwarzaug. Er wirft die Kutte ebenfalls ab und erdrückt Karlotta fast vor Glück.

„Halt! Halt!", ruft Karlotta. „Einmal noch müsst ihr die frommen Mönche spielen. Und ihr dürft etwas Unerhörtes klauen: den Grafen!"

Sie erzählt ihren verblüfften Räubervätern von ihrem verwegenen Plan. Und sie staunen noch mehr, als Karlotta berichtet, wie es vielleicht gelingen könnte, das Rätsel ihrer Herkunft ein für allemal zu klären.

„Aber deine echten und wirklichen Väter bleiben wir. Mag sein, was will. Versprochen?", erkundigt sich Balthasar besorgt.

„Versprochen!", sagt Karlotta.

„Dann werden wir uns den Grafen schnappen und ihm ordentlich Feuer unter dem Hintern machen, bis er seinen Schurkenstreich zugibt!", schwört der Räuberhauptmann. „Müsste ja mit dem Teufel zugehen."

„Ja, mit dem Teufel!", ruft Schwarzaug begeistert. „Er wird bestimmt glauben, dass er in der Hölle ist. Dafür werden wir schon sorgen."

„Wo er auch hingehört, dieser Schurke, dieser Halunke, dieser Halsabschneider", grummelt Hasenherz.

„An die Arbeit, Väter!", sagt Karlotta lachend. „Es gibt viel zu tun!"

20. Im *Wilden Truthahn*

Samstags geht es im *Wilden Truthahn* hoch her. Da rinnt mancher Humpen Moorbrunner Klosterbier durch durstige Kehlen. Viele der Männer haben eine harte, arbeitsreiche Woche hinter sich. Einige auch nur eine anstrengende Jagd wie Eckehart von Gurkenstein. Er sitzt jeden Samstag nach dem Jagdvergnügen mit seinen Saufkumpanen an seinem Stammtisch in der Ecke neben dem Bierhahn. Diesmal ist die Jagdgesellschaft besonders laut.

„Mein letzter Tag in Freiheit!", ruft der Graf. „Morgen werde ich geheiratet."

„Hohoh! Eher ist es umgekehrt", widerspricht der Wirt. „Ihr habt euch eine bildhübsche Braut ausgesucht."

„Eine, um die ihn mancher beneidet", sagt der Fischer Findus, der ausnahmsweise auch auf ein Bier hereingekommen ist.

„Nun ja", sagt der Graf geringschätzig. „Eine Müllerstochter."

In diesem Augenblick geht die Tür auf.

„Na, wer kommt denn da?", ruft der Graf überrascht.

„Das sind Mönche", sagt Fischer Findus. „Wenn mich nicht alles täuscht, vom Orden des heiligen Franziskus."

„Eher vom heiligen Glatziskus! Die haben ja keine Haare", spottet der Graf.

„Das verlangen unsere strengen Ordensregeln, mein Sohn", sagt der kräftigste von ihnen würdevoll. In diesem Augenblick streicht die schwarze Katze des Wirts durch den Raum.

„Schwarze Katzen bringen Unglück!", ruft der Graf erschrocken und gibt ihr einen Fußtritt. „Und heute Morgen ist mir der Rasierspiegel zerbrochen. Das bringt sieben Jahre Unglück!"

„Und das am Tag vor der Hochzeit? Fass Holz an!", rät Findus. Der Graf grapscht nach der hölzernen Tischkante.

„Aber, aber! Wer wird denn so abergläubisch sein?", tadelt ihn Bruder Balthasar mit einem schadenfrohen Leuchten in den Augen.

Der Graf bestellt noch ein frisches Moorbrunner Klosterbier. Bald ist er wieder in seinem Element. Er gibt an und erzählt von seiner Hochzeit. Auf einmal zieht er eine Samtschatulle aus der Tasche und sagt zu seinen Zechgenossen: „Wollt ihr das Hochzeitsgeschenk für meine Frau sehen?"

Er öffnet das Kästchen. Darin liegt eine kostbare Halskette. Viele „Ahs" und „Ohs" erklingen. Alle beteuern, dass sie so etwas Kostbares noch nie gesehen haben. Alle, bis auf Fädchen. In ihm werden bittere Erinnerungen wach, als er das Schmuckkästchen mit der Halskette erblickt. Es ist die Halskette der Tuchhändlerfrau. Es fällt ihm schwer, sich zu beherrschen.

„Reiß dich zusammen!", flüstert Balthasar, der sofort begreift, was los ist.

„Wirt, habt ihr noch einen Bissen für müde Pilger?", erkundigt sich Bruder Faulipauli. „Wir haben viele Tage bei Wasser und Brot gefastet."

„Selbstverständlich", sagt der Wirt. „Wollt ihr heute noch weiterreisen?"

„Wir wollen noch zum Kloster Moorbrunn", antwortet Bruder Balthasar.

„Was wollt ihr denn da, mitten in der Nacht?", wundert sich der Wirt.

Balthasar zupft den Wirt am Ärmel und flüstert: „Wir reisen im geheimen Auftrag des tapferen Grafen von Ratzenstein. Ist's noch weit?"

„Zu Fuß noch eine gute Stunde", sagt der Wirt.

„Eine Runde Moorbrunner Klo-Klo-Klosterbier zur St-t-tärkung für die f-f-frommen Väter", lallt der Graf. Seine Zunge gehorcht ihm nicht mehr. Er ahnt nicht, dass ihm Findus kurz zuvor das von Grete gemischte Schlafträntlein in den Bierhumpen gekippt hat. Noch ehe die Mönche ihre kleine Mahlzeit beendet haben, lässt der Graf seinen Kopf auf den Tisch sinken und schläft ein.

„Was mach ich jetzt mit ihm?", grübelt der Wirt und kratzt sich verlegen am Kopf. „Seine Freunde sehen mir allesamt so aus, als könnten sie ihn nicht mehr nach Hause bringen."

„Wir helfen gern. Wir kommen ja an der Burg vorbei und liefern ihn dort ab", schlägt Bruder Balthasar vor.

„Wir haben unseren Grafen von Ratzenstein auch schon oft ins Bett gebracht", sagt Bruder Gibbs und grinst verständnisvoll.

„Ihr könntet ihn ja sogar auf seinen eigenen Wagen laden", schlägt Findus vor. „Der steht doch vor der Tür."

Der Wirt ist erleichtert, dass ihm das Problem mit dem hohen Gast abgenommen wird. Er hat noch genug mit den anderen Saufbolden zu tun. Balthasar legt sich den Grafen über die Schulter. Gibbs und Nimms nehmen ihn in der Kutsche in Empfang. Faulipauli und Hasenherz tragen seine Jagdausrüstung und klettern ihm nach.

„Ich werde ihn bewachen wie meinen Augapfel!", versichert Bruder Schwarzaug dem Wirt.

„Habt Dank, ehrwürdiger Vater", murmelt der Wirt und geht in die Wirtsstube zurück.

Findus hat inzwischen die Pferde angespannt. Balthasar ist auf den Kutschbock geklettert. Fädchen und Schwarzaug setzen sich neben ihn.

„Hü! Hott!", ruft Balthasar und knallt mit der Peitsche.

„Was machen wir jetzt mit ihm?", fragt Fädchen besorgt.

„Wir bringen ihn zur Höhle am Rabenstein", brummt Balthasar grimmig. „Und da werden wir ihm die Hölle heißmachen. Im wahrsten Sinne des Wortes! Der Aberglaube des Grafen hat mich auf die Idee gebracht. Wir werden …" Balthasar senkt die Stimme. Und während die drei auf dem Kutschbock ihre höllischen Pläne schmieden, schläft der Graf in den Armen von Gibbs und Nimms wie ein Säugling.

Holpernd nähert sich die Kutsche dem Rabenstein.

21. In der Räuberhöhle

Als Graf Eckehart von Gurkenstein erwacht, glaubt er in der Hölle zu sein. Er starrt an eine Felswand, auf die ein Feuer zuckende Schatten wirft. Pechschwarze Teufel mit zottigen Pelzen und Hörnern starren ihn an.

„Hilfe! Wer, was … wo bi-bi-bin ich?", fragt er und zittert wie Espenlaub. „Um Himmels willen! Bi-bi-bin ich in der Hölle?"

„Beim Teufel", brummt Balthasar mit drohender Stimme. „So ist es. Der zerbrochene Spiegel, die schwarze Katze, das waren Warnungen vor dem Unglück! Jetzt ist es da!"

„Hilfe! Erbarmen!", jammert der Graf.

„Genau der Ort, an den du gehörst, weil du so viel angestellt hast", knurrt Schwarzaug und tanzt um das Feuer.

„Ich – ich hab nichts angestellt!", beteuert der Graf.

„Wir sind die Prüfteufel der Vorhölle. Wir werden rasch herausfinden, ob du hierhergehörst oder nicht", droht Balthasar.

„Woher stammt zum Beispiel der Wappenring an deinem Finger?", erkundigt sich Hasenherz.

„V-v-vom Grafen Wenzel", stottert der Graf.

„Du hast dem Boten, der ihn brachte, vor neun Jahren seinen rechtmäßigen Sold verweigert!", knurrt Hasenherz.

„Woher wisst ihr das?", fragt Eckehart verblüfft.

„Wir wissen alles", behauptet Hasenherz.

„Der Mann soll alles bekommen, was ihm zusteht!", versichert Eckehart rasch. „Falls ich ihn je wiedersehe."

„Dafür werden wir sorgen", kichert Hasenherz.

„Und woher stammt die Kette, die du als Hochzeitsgeschenk vorgesehen hast?", will ein dünner Teufel wissen.

„Vom Burgamtmann. Er hat sie einmal einem Tuchhändler abgeschwatzt", behauptet der Graf.

„Gelogen!", brüllt Fädchen außer sich. „Er hat sie dem Tuchhändler gestohlen und einen anderen dafür ins Gefängnis gebracht!"

„W-w-wenn das so ist, d-d-dann wird der Burgamtmann sofort entlassen und in den Kerker geworfen", versichert der Graf und zittert vor Angst.

„Du hast die Bauern geschröpft und um ihr Hab und Gut gebracht", knurrt Gibbs.

„Die Liste der Verbrechen, für die du zu uns gekommen bist, ist ellenlang!", ruft Nimms.

„Deine größte Sünde aber ist, dass du ein Kind getötet hast", sagt Balthasar mit Grabesstimme. „Die Tochter von Graf Wenzel."

„Nein, nein, nein, das war ich nicht! Ich schwör's! Ich hab das Kind lebendig in den Rübenacker gelegt. Ganz in der Nähe des Weges. Jemand hat es gefunden und mitgenommen. Bestimmt."

„Wilde Tiere haben es gefressen", brüllt Balthasar. „Und du bist schuld!"

„Das hab ich nicht gewollt. Bei meiner Seele", jammert der Graf und klappert mit den Zähnen.

„Deine Seele gehört uns!", jubelt des Teufels Großmutter Schwarzaug krächzend und verpasst dem Grafen einen Tritt in den Hintern.

„Bei allen Heiligen! Hilft mir keiner? Gibt es denn keine Rettung?" Der Graf sieht sich hilfesuchend um. Der Alkohol vernebelt seine Sinne. Sein Kopf schmerzt. Grässlich ist das alles!

„Hohoho! Uns entkommst du nicht!", ruft der Oberteufel Balthasar und lacht sein teuflischstes Höllenlachen. „Und lass die Heiligen aus dem Spiel!"

„Trotzdem sind wir ja Prüfteufel und müssen gerechterweise sagen, dass er eine Chance hat", meldet sich Fädchen zu Wort.

„Eine Chance?", fragt der Graf hoffnungsvoll und zuckt im gleichen Augenblick zusammen, weil der Kater Graf von Ratzenstein auf der Jagd nach einer Maus zwischen seinen Beinen hindurchhuscht. „Ich tu alles, um hier herauszukommen!"

„Nun, da müsste einer schon ins Kloster eintreten und für seine Sünden lebenslänglich Buße tun, um uns zu entrinnen", brummt Balthasar.

Der Abt von Moorbrunn, der im Hintergrund über alles Protokoll führt, lässt für einen Augenblick erschrocken die Feder sinken. Nun, das ist wahrlich ein geschickter Schachzug von Balthasar.

Der Abt ist zwar von Grete in den Entführungsplan eingeweiht worden, aber von einem Eintritt des Grafen ins Kloster war nicht die Rede. Eckehart von Gurkenstein als Mönch? Was für ein Gedanke! Der Abt weiß nicht, was er davon halten soll …

Karlotta, die zusammen mit den Fischersleuten ebenfalls heimlich der Szene zusieht, flüstert: „Sind sie nicht fabelhafte Schauspieler, meine Räuberväter? Wer hätte das gedacht!"

„Ich – ich könnte also ins Leben zurück, wenn ich ins Kloster eintrete und meine Sünden bereue?", vergewissert sich der Graf zögerlich.

„So ist es", räumt Balthasar widerstrebend ein. „Ich fürchte, so könntest du uns entwischen. Aber es müsste noch vor Sonnenaufgang geschehen."

„Dann werde ich ins Kloster eintreten! Sofort!", ruft der Graf aufgeregt. „Was muss ich tun?"

„Das Geständnis unterschreiben und dann in diesen Sack schlüpfen. Der Rest ist teuflisch einfach", grinst Balthasar.

„Das Kind, wenn nur das Kind wieder am Leben wär", stöhnt der Graf, als er die Liste seiner Vergehen durchliest, ehe er sie unterschreibt. „Dass es stirbt, hab ich wirklich nicht gewollt!"

„Wirklich nicht?", fragt Balthasar. „Dann soll zur Belohnung für deine Reue diese schlimme Tat ungeschehen sein! Potzteufel und Höllenspuk! Das

Kind erscheine!" Er schlägt mit einem Knüppel auf eine Blechpfanne, die neben dem Feuer liegt.

Wie ein Geist tritt Karlotta aus dem Schatten hervor. Der Schein des Feuers fällt auf ihr rötliches Haar.

„Karola!", ruft Graf Eckehart erschrocken, weil er im ersten Augenblick denkt, seine Schwägerin stünde vor ihm.

„Nein, es ist nicht Karola. Es ist ihre Tochter Karoline, die rechtmäßige Erbin von Karottenfels. Und wenn du nicht dein Leben lang im Kloster bleibst, werden wir aller Welt verkünden, welch ein Lump du warst!", brüllt Balthasar. „In den Sack mit dir!"

Zitternd schlüpft der Graf in den Sack. Er wird böse gebeutelt und hin und her geschubst, bis er schließlich in den frühen Morgenstunden völlig verwirrt vor der Pforte des Moorbrunner Klosters landet. Dort bittet er den Abt flehentlich um Aufnahme: Der Teufel sei hinter ihm her!

Böse Zungen behaupten später, der Graf sei nur wegen des guten Biers ins Kloster eingetreten, andere meinen, weil er den Verstand verloren habe. Nur wenige wissen, wie es wirklich gewesen ist. Du gehörst jetzt auch dazu, und du erzählst es hoffentlich keinem weiter.

22. Wie es weitergegangen ist

Was aus Karlotta und ihren Räubervätern geworden ist, willst du wissen? Karlotta wollte natürlich weiter mit ihren sieben Räubervätern zusammen sein. Auch als sie auf die Burg zog und Gräfin wurde. Sie wollte auch weiter Karlotta heißen und nicht Karoline.

„Karlotta Karotta vom Rübenacker oder Karoline Karola von Karottenfels – wo liegt da der Unterschied?", meinte sie.

Mithilfe ihrer tüchtigen Räuberväter machte sie aus der heruntergekommenen Grafschaft wieder ein blühendes Land.

Balthasar bekam die Stelle des gefeuerten Burgamtmanns und nannte sich fortan Balthasar von Grafenklau.

Gibbs und Nimms wurden Jagdaufseher und sorgten dafür, dass die Wildschweine den Bauern nicht die Ernte wegfraßen. Sie überwachten auch die Steuereinnahmen. Und weil Gibbs und Nimms für Ausgeglichenheit beim Geben und Nehmen sorgten, beklagte sich selten einer der Bauern über eine ungerechte Pacht.

Faulipauli arbeitete als begeisterter Koch in der Burgküche und ließ nichts anbrennen.

Graf von Ratzenstein hielt mit sanfter Pfote das Reich der Kellermäuse in Schach.

Klaus unterrichtete die Kinder der Umgebung, von denen viele noch nicht lesen und schreiben konnten, wie zum Beispiel Jakob und Fritz.

Hasenherz bezog seinen rechtmäßigen Sold und organisierte zusammen mit Schwarzaug die Burgwache, einen Postkutschen-Pannendienst und Straßenwachen. So konnten sich keine Räuber mehr in der Umgebung einnisten.

Die Straßen zwischen Karottenfels, Prixelstadt und Wenzelsberg waren von da an die sichersten Straßen der Welt. Und im Hotzenwald wurde keinem Wanderer mehr ein Härchen gekrümmt.

Übrigens hat Balthasar die Müllerstochter geheiratet. Sie haben bald darauf Drillinge bekommen. Die hießen Gibbs, Nimms und Klaus.

Und deshalb ist die Geschichte hier noch lange nicht aus. Wie's weitergeht, denkst du dir selber aus!